そのまま使えるモデル英文契約書シリーズ

はじめに

　人口減少が続く中、これまで国内市場のみを対象としてきた日本の中堅・中小企業であっても、ビジネスの維持・発展のためには、海外の旺盛な需要を取り込む必要がある。しかし、同じ文化に属する国内取引先と違って、海外企業との取引では思わぬトラブルが発生することがある。これは、早くから国際取引に乗り出してきた日本の大企業が経験してきたことであり、不慣れだったでは済まないほどの大きな損失を被った例も少なくない。これに対して、中堅・中小企業が国際取引において損失を被った場合、それを吸収するだけの体力がないおそれもある。

　先人が経験した苦い経験を繰り返す必要はない。これから国際取引に乗り出そうとする企業は、過去の経験に学び、国際取引に伴うトラブルに備えた適切な予防措置をとるべきである。すなわち、外国企業から示された英文契約書案にそのままサインするのではなく、日本企業の立場から様々な事態を想定し、相手方に対して逆提案をし、きちんとした交渉を経た上で契約を締結すべきである。とはいえ、国際取引に不慣れな企業にとって、自ら詳細な英文契約書を作成することは困難であり、またその作成を渉外弁護士に依頼した場合には高額な費用が発生する。

　そこで、JCAA では、これまで日本企業が当事者となった仲裁事件を処理してきた経験に照らし、国際取引に不慣れな中堅・中小企業が契約書を作成する際に参考にして頂くべく、本シリーズを発刊することとした。本シリーズでは、各条項の解説の随所で、その条項の説明にとどまらず、その条項が扱っている事項はどのような意味があるのかを自覚的に考えることができるように工夫している。なお、異なるモデル契約書に登場する類似の条項例や解説は必ずしも同一ではないが、趣旨は同じである。

　また、国内の取引では紛争解決はいずれかの地方裁判所での裁判により最終的には解決される旨を定めるのが当然と考えてきたかもしれないが、国際取引をめぐる紛争については、外国での裁判を飲まざるを得ないとすれば、それは外国語で外国訴訟法に基づく手続の末に外国人の裁判官が外国語で判決を下すことを意味する。他方、日本での裁判は相手方の外国企業が拒否することになろう。そのため、国際取引紛争の解決のためには仲裁が用いられることが多い。すなわち、日本人と外国人から構成される仲裁廷により最終的な解決を図るのである。本シリーズでは、JCAA ならではのこととして、仲裁条項のドラフティングについて詳しく説明している。

　本シリーズのモデル英文契約書が実際の契約書作成にあたり参考となれば幸いである。最後に、本シリーズの刊行にあたり、丁寧な監修により最新のモデル契約書に刷新して頂いたアンダーソン・毛利・友常法律事務所の仲谷栄一郎弁護士及び中川裕茂弁護士に厚く御礼申し上げたい。

2020 年 4 月

日本商事仲裁協会（JCAA）仲裁・調停担当執行理事

道垣内　正人

目　次

I.　購入基本契約の概要

  1.　購入基本契約とは……………………………………………………………………… 4

  2.　本条項例………………………………………………………………………………… 4

  3.　購入基本契約のポイント……………………………………………………………… 4

II.　Basic Purchase Agreement（購入基本契約）の条項例（英語、日本語）・解説

  ■　Recitals ／前文 ……………………………………………………………………… 5

  ■　Article　1　Sales and Purchase ／売買………………………………………… 7

  ■　Article　2　Products ／製品……………………………………………………… 7

  ■　Article　3　Price ／価格…………………………………………………………… 8

  ■　Article　4　Payment ／支払……………………………………………………… 10

  ■　Article　5　Forecasts and Orders ／購入予測および注文……………………… 10

  ■　Article　6　Delivery ／引渡し …………………………………………………… 12

  ■　Article　7　Title and Risk ／所有権および危険負担 ………………………… 13

  ■　Article　8　Inspection ／検品…………………………………………………… 13

  ■　Article　9　Warranty ／保証……………………………………………………… 15

  ■　Article 10　Product Liability ／製造物責任 …………………………………… 17

  ■　Article 11　Intellectual Property Rights ／知的所有権………………………… 18

  ■　Article 12　Trademarks ／商標 ………………………………………………… 19

  ■　Article 13　Tax and Duty ／税金および公課 ………………………………… 20

  ■　Article 14　Term ／期間 ………………………………………………………… 20

  ■　Article 15　Termination ／終了 ………………………………………………… 21

  ■　Article 16　Assignment ／譲渡 ………………………………………………… 23

  ■　Article 17　Secrecy ／秘密保持 ………………………………………………… 23

  ■　Article 18　Force Majeure ／不可抗力 ………………………………………… 25

  ■　Article 19　Notice ／通知 ……………………………………………………… 25

  ■　Article 20　Trade Terms ／貿易条件 …………………………………………… 26

  ■　Article 21　Governing Law ／準拠法 ………………………………………… 27

  ■　Article 22　Arbitration ／仲裁 ………………………………………………… 28

  ■　Article 23　Entire Agreement and Modification ／完全合意および修正 …………… 28

  ■　Article 24　Privity ／当事者関係 ……………………………………………… 29

  ■　Article 25　Headings ／表題 …………………………………………………… 30

  ■　Article 26　Language ／言語 …………………………………………………… 30

  ■　Article 27　Severability ／分離独立性 ………………………………………… 31

  ■　末尾文言および署名欄…………………………………………………………… 32

III. 仲裁条項のドラフティング

1. 仲裁とは……………………………………………………………………… 33
2. 仲裁条項のヒント…………………………………………………………… 34
   (1) JCAA の 3 つの仲裁規則に基づく仲裁条項 ……………………… 35
   (2) 機関仲裁条項（仲裁機関を指定する仲裁条項）………………… 36
   (3) 仲裁規則を規定する仲裁条項 ……………………………………… 37
   (4) 「商事仲裁規則」の迅速仲裁手続によって仲裁を行う場合の仲裁条項 ………… 39
   (5) 仲裁人の要件や数を規定する仲裁条項 …………………………… 39
   (6) 仲裁手続の言語を規定する仲裁条項 ……………………………… 41
   (7) 仲裁費用の負担を定める仲裁条項 ………………………………… 42
   (8) 多層的紛争解決条項 ………………………………………………… 43
   (9) 交差型仲裁条項（クロス条項）…………………………………… 44
   (10) 準拠法条項と仲裁条項 ……………………………………………… 45

CD-ROM：購入基本契約書【英語、日本語】（MS-Word）

I. 購入基本契約の概要

1. 購入基本契約とは

物品を購入する場合、単発的に契約を結ぶこともももちろん可能だが、特定の相手方から継続的に購入することもある。そのような場合に、その都度売買契約を結ぶのは煩雑なため、大枠を合意しておき、個々の契約は発注書と受注書のやりとりだけで済ませるという仕組みにすることがある。そのような「大枠」を定めるのが「基本契約」であり、発注・受注の方法、物品の引渡方法、代金の支払方法、物品の保証などが定められる。

2. 本条項例

本条項例は、我が国企業が製品の部品を外国企業（サプライヤー）から購入する場合を想定している。

3. 購入基本契約のポイント

購入基本契約において注意すべきポイントは次のようなものである。

（1） 受注の確保

通常、購入基本契約を結んだだけでは売主が買主の発注に応じる義務を負うことにはならないが、買主としては「正当な理由がない限り受注を拒否できない」などとして、受注を確保しておきたいところである。

（2） 製品の保証

売買契約一般に言えることだが、買主としては製品の品質を確保するために、売主の保証の義務を重くしたいと考えるのが常である。

II. Basic Purchase Agreement（購入基本契約）の条項例（英語、日本語）・解説

■ Recitals ／前文

BASIC PURCHASE AGREEMENT

This Agreement is made and entered into this _____ day of _____ , _____ , by and between _____ , a corporation organized and existing under the laws of _____ , having its principal place of business at _____ ("Seller"), and _____ , a corporation organized and existing under the laws of Japan, having its principal place of business at _____ , Japan ("Buyer").

購入基本契約

本契約は、_____ 年_____ 月_____ 日に、_____国法に基づき設立され存続する会社であって、その主たる事務所を_____に有する _____ （以下「売主」という。）と、日本国法に基づき設立され存続する会社であって、その主たる事務所を日本国_____に有する_____ （以下「買主」という。）との間に締結され、以下のことを証する。

Recitals:

WHEREAS, Seller has developed and manufactures the Products (hereinafter defined); and WHEREAS, Buyer desires to purchase such Products from Seller for parts of the _____ manufactured and sold by Buyer ("Machinery"), and Seller desires to sell the same to Buyer.

NOW THEREFORE, in consideration of the terms and conditions set forth herein, the parties hereby agree as follows:

前文

売主は、以下に定義される対象製品を開発し、製造している。

買主は、買主が製造し販売する（以下「対象機械」という。）の部品として使用するため、対象製品を売主より購入することを希望しており、売主は、対象製品を買主に販売することを希望している。

よって、本契約に定める条件を約因とし、両当事者は以下のとおり合意する。

冒頭文

①当事者の名称、設立準拠法および住所ならびに②契約締結年月日を記載する。

当事者の名称および住所は、登記簿の記載通りに表示するのが望ましい（ただし、日本の会社の場合は契約書を英文で作成する限りローマ字となる。多くの会社はその定款において英文名称を定めている。その場合はこれを用いるのがよい）。登記された本店以外の営業所または他の支店において契約を締結し、履行する場合、契約書上の住所表示を営業所または支店とすることがあるが、この場合はその旨明記しておく。

設立準拠法は、明示するのが一般的な慣行である。国によっては（連邦制の国などにおいては）設立準拠法が州法であることもあるので注意しなければならない。

契約締結場所は、契約書の末文に表示することもあるが、冒頭文に表示してもよい。設立準拠法と共に契約の成立、履行、解釈等の準拠法を決定する場合に意味を持つことがある。また、外国での締結であるために印紙を貼付しなかった場合に、締結地を明らかにしておく目的で記載されることもある。

契約締結年月日は、特別の場合を除き契約期間の起算点となるので、日付を明確にする必要がある。

前文

契約締結に至った経緯、契約の目的等契約の前提となる事項について表示する。

最近の契約書では簡単な表現になっており完全に省略されることもある。しかし、契約作成時点における当事者の立場および意思を明確にしておくという意味で前文を記載した方がよい場合が多い。

従前に存在した契約関係を基盤として新契約が締結される場合やこれに修正を加える場合、あるいは関連する他の契約（例えば合弁契約）がある場合は、これらの契約との関係を明確に記載しておくことは、重要である。このことにより、各契約の適用範囲を明確にすることができる。

前文は通常法的拘束力を持たないとされているが、契約条項の解釈に疑義が生じた場合には解釈の指針となるので、十分注意をして記載をする必要がある。

なお、前文の末尾に当事者による契約締結の意思表示、即ち申込みと承諾または合意の宣言がなされる。

■ Sales and Purchase ／売買

Article 1　Sales and Purchase

Seller agrees to sell and deliver to Buyer, and Buyer agrees to purchase and take delivery from Seller of, the Products (hereinafter defined) in accordance with and subject to the terms and conditions set forth herein.

第1条　〔売買〕

売主は買主に対し、本契約に定める条件に従い、以下に定義される対象製品を売り渡すことに合意し、買主は売主より、対象製品を買い受けることに合意する。

解説

第1条　〔売買〕

売主が買主に対し自己の製品を継続的に販売することを約し、買主がこれに同意することによって購入基本契約は成立する。この条項は、売主と買主との基本的法律関係を宣言することを目的とし、その具体的内容は、以後の条項に規定される。

■ Products ／製品

Article 2　Products

(1) The Products are listed and defined in Appendix 1. New products can be added to this Agreement by mutual written agreement.

(2) Each Product sold and purchased hereunder shall meet the specifications to be separately designated in writing by Buyer. Seller is not entitled to change the specifications of the Products during the term of this Agreement without Buyer's written consent.

(3) Seller shall promptly inform Buyer of any modifications or improvements to the Products. Buyer shall have the right to purchase such modifications or improvements, at its sole discretion, in accordance

第2条　〔製品〕

(1) 対象製品は添付別紙１に列挙され定義される。両当事者は、書面による合意により、新製品を本契約の対象として追加することができる。

(2) 本契約に基づき売買される対象製品は、買主が書面により別途指定する仕様を満たすものとする。売主は、本契約期間中、買主の書面による同意なくして、対象製品の仕様を変更することはできない。

(3) 売主は買主に対し、対象製品についてなされたすべての修正および改良を直ちに報告するものとする。買主は、自己の裁量により、かかる修正品または改良品を本契約に定める条件に従い購入する権利を有するものとする。

with the terms and conditions herein set forth.

解説

第2条 〔製品〕

　この条項は、本契約における取引の対象を特定することを目的とする。

　対象製品を定めるにあたっては、対象製品の範囲が明確となるよう規定する必要があり、一般的には製品名、モデル番号等で特定しているようである。例文1項では、添付別紙にかかる製品名等を列挙することを予定している。

　本契約においては、買主が対象製品を対象機械の部品として使用することを予定しており、対象製品の仕様が買主の承諾なく変更されると対象機械の部品として適合しなくなる場合が想定されるので、例文2項では対象製品の仕様の変更を禁止した。しかし、対象製品が汎用品である場合は、売主が仕様変更の禁止には応じられないと主張する可能性がある。この場合、少なくとも買主が仕様変更後の製品を購入する義務を負担することのないよう注意が必要である。

　例文3項では、対象製品の修正品または改良品について買主の裁量で本契約の対象に追加できるとし、買主に有利な規定とした。

■　Price ／価格

Article 3　Price

(1) The initial prices of the Products sold and purchased hereunder shall be as specified in Appendix 1.

(2) Buyer shall have the right to request Seller to adjust the price in accordance with any downward trend in the market price of the similar or identical products thereto, or of the Machinery. Despite such request by Buyer, if a new price cannot be mutually agreed upon within a reasonable period, Buyer may terminate this Agreement without consequence to either party with thirty (30) days prior notice.

第3条 〔価格〕

(1) 本契約に基づき売買される対象製品の当初の価格は、添付別紙1に記載した通りとする。

(2) 買主は、類似もしくは同一の製品または対象機械の市場価格の下落傾向に応じ、対象製品の価格を調整することを売主に求める権利を有するものとする。買主からのかかる要求にも拘わらず、合理的な期間内に新しい価格が合意に至らなかった場合は、買主は、30日前の事前通知により、両当事者に責任を発生させることなく本契約を終了することができる。

第3条 〔価格〕

　この条項は、対象製品の価格に関して規定することを目的とする。

　国際売買取引における価格については、①価格が如何なる構成要素から成り立っているかといういわゆる建値と、②いずれの国の通貨で表示を行うかという価格表示の方法が問題とされる。

　建値は通常 FOB、CIF といった貿易条件を使用して決定される。例文では、第 20 条において国際商業会議所のインコタームズ 2020 および以後の改訂版が適用され、第 6 条においてインコタームズにおける FCA 条件が適用されることが明示されている。FCA 条件においては、物品が買主によって指名された運送人に引き渡されるまでに発生する一切の費用を売主が負担し、その後発生する一切の費用を買主が負担する。しかしながら、売主は、輸出に際して支払われる通関手続の費用ならびに一切の関税、税金その他の公式の諸掛を支払わなければならない。

　価格表示の方法としては、売主国の通貨を用いる方法、買主国の通貨を用いる方法の他、第三国の通貨を用いる方法がある。例文では添付別表 1 に各製品の単価を記載することが予定されている。

　この価格表示で使用される通貨と決済通貨は必ずしも同一とは限らない。例文第 4 条では日本円にて代金を支払うこととされているが、売主国の通貨または米ドル等第三国の通貨で代金決済を行うことを売主より要求される場合がある。この場合、為替相場の変動によるリスクを買主が負担することになるので、注意すべきである。

　例文 2 項では、対象製品等の市場価格の下落があった場合、買主は価格の調整を要求することができ、価格変更の合意に至らなかった場合は、本契約を終了させることができるとしている。契約期間が長期間となり対象製品と同種の部品の市場価格が下落した場合においても対象製品を高値で購入しなければならないとすると、買主の対象機械の製造コストは競業他社よりも高くなり、競争上不利となる。また、買主の対象機械の価格が下落した場合は、採算割れを起こす可能性もある。従って、長期間にわたる購入基本契約においては、価格調整条項を設けておくことが望ましい。ただし、買主から価格調整条項の挿入を要求すると、売主からも対象製品等の市場価格が上昇した場合の価格調整条項の挿入を求められる可能性も高いので、対象製品の性質、市場動向等を考慮し、価格調整条項の挿入を求めるべきか否かを検討する必要がある。

　なお、例文では、「合理的な期間内に」新しい価格につき合意が成立しなかった場合、「30 日前の事前通知」により買主は契約を解除することができるとしているが、価格交渉期間および通知期間は、個々の事案に応じて柔軟に決める必要がある。

■ Payment ／支払

Article 4 Payment	第4条 〔支払〕
Buyer shall pay to Seller the prices of the Products sold and purchased hereunder in Japanese Yen by means of telegraphic transfer to the bank account designated by Seller one hundred and eighty (180) days after the date of the multimodal transport bill of lading concerning the Products.	買主は売主に対し、本契約に基づいて売買された対象製品の代金を、当該製品に関する複合運送船荷証券の発行日の180日後に、売主の指定する銀行口座に対する電信送金の方法で、日本円にて支払うものとする。

解説

第4条 〔支払〕

　この条項は、代金の支払いに関して規定することを目的とする。

　国際売買契約における代金の支払いについては、第3条で述べた決済通貨のほか、支払時期および支払方法が問題となる。

　代金支払時期としては、前払い、引渡時払い、後払いがあるが、代金の前払いは代金を支払ったにも拘わらず製品の引渡を受けられなくなる危険があるので、代金の前払いをしないと売主が製品の製造をする資金がない等の特別の事情がある場合を除き、買主としては後払いまたは引渡時払いを要求すべきである。

　代金支払方法としては、電信送金による方法と、荷為替手形を用いる方法がある。荷為替手形を用いる方法には、信用状（Letter of Credit）を用いる方法と、用いない方法（D/A手形、D/P手形）がある。例文では電信送金の方法を採用しているが、代金支払方法は売主と買主の協議により個別に決定される。

■ Forecasts and Orders ／購入予測および注文

Article 5 Forecasts and Orders	第5条 〔購入予測および注文〕
Each individual sales contract hereunder ("Individual Sales Contract") shall be executed pursuant to the following process: (1) Six (6) months prior to the targeted month for shipment, Buyer shall send to Seller a forecast of anticipated purchases of each	本契約に基づく個別の売買契約（以下「個別売買契約」という。）は以下の手続に従い締結されるものとする。 (1) 船積予定月の6ヶ月前に、買主は売主に対し、各対象製品の購入予測を送付するものとする。 (2) 船積予定月の4ヶ月前に、買主は売主に対し、改訂版の購入予測を送付

Product.

(2) Four (4) months prior to the targeted month for shipment, Buyer shall send to Seller a revised forecast of anticipated purchases. The revised forecast may vary the quantity of each Product by no more than twenty percent (20%), plus or minus, from the original forecast. If Seller cannot sell and deliver the Product in accordance with the revised forecast, Seller shall notify Buyer within ten (10) days after receipt of the revised forecast. Notwithstanding the foregoing, Seller shall make its best efforts to sell and deliver the Product in accordance with Buyer's requests.

(3) Three (3) months prior to the targeted month for shipment, Buyer shall issue a firm purchase order to Seller, and upon receipt of such purchase order by Seller, Seller shall be deemed to have accepted the same. Such purchase order may not increase the quantity of each Product from the revised forecast but it may decrease the quantity of each Product from the revised forecast by no more than twenty percent (20%).

(4) The original forecast, revised forecast and purchase order shall be delivered to Seller no later than the fifteenth (15th) day of the relevant month.

するものとする。改訂版の購入予測は、最初の購入予測から上下20%を超えない範囲で、各対象製品の数量を変更することができる。売主が改訂版の購入予測に従って対象製品を売り渡すことができない場合は、売主は買主に対し、改訂版の購入予測を受け取った日から10日以内に通知するものとする。前記にも拘わらず、売主は、買主の要求に応じて対象製品を売り渡すよう最大限の努力をするものとする。

(3) 船積予定日の3ヶ月前に、買主は売主に対し、確定注文書を提出するものとし、売主が注文書を受領したときに、売主は同注文を承諾したものとみなす。注文書は、各対象製品の数量につき、改訂版の購入予測を上回ってはならないが、改訂版の購入予測を20%までは下回ってもよいものとする。

(4) 最初の購入予測、改訂版の購入予測および注文書は、関連月の遅くとも15日までに売主に提出されるものとする。

解説

第 5 条 〔購入予測および注文〕

　この条項は、個別契約の締結方法について規定することを目的とする。購入基本契約は当事者間の継続的取引関係全体を律するための基本契約であり、具体的な売買に際しては別途個別契約を締結する必要がある。

　例文では、船積予定月の 6 ヶ月前に購入予測を提出し、船積予定月の 3 ヶ月前に個別契約が成立するとしている。かかる発注方法を定めたのは、買主が対象製品の安定供給を受けるようにするためである。船積月の 6 ヶ月前から購入予測を受け取っておくことにより、売主は船積月における対象製品の生産見込みをたてることができ、数量不足により対象製品の供給ができなくなるという事態を避けることができる。また、買主としても、万一売主が発注に対応できない場合は、そのことを遅くとも船積月の 3 ヶ月以上前に知ることができ、他の供給先を探すことが可能となる。

　なお、例文 2 項においては、売主が対象製品を販売することにつき最大の努力をする旨を規定したが、売主に販売義務を負わせることはしなかった。かかる義務を売主に負わせた場合には、その見返りとして、売主から買主に対し最低購入義務等を要求してくることが考えられたからである。

■　**Delivery ／引渡し**

Article 6　Delivery	**第 6 条 〔引渡し〕**
(1) Seller shall deliver the Products to the carrier nominated by Buyer at the place designated by Buyer on a FCA ＿＿ basis. The date of the multimodal transport bill of lading shall be deemed as conclusive evidence of the date of delivery.	(1)　売主は、買主が指定する場所で、買主によって指名された運送人に、FCA ＿＿ 条件にて、対象製品を引き渡すものとする。複合運送船荷証券の発行日は引渡しの確定的な証拠とみなされるものとする。
(2) Partial shipments shall be allowed.	(2)　分割船積みは認められるものとする。
(3) Seller shall assist Buyer in arranging vessel and cargo insurance.	(3)　売主は、船舶および船舶保険の手配について買主を支援するものとする。

解説

第 6 条 〔引渡し〕

　この条項は、対象製品の引渡しに関する条件について規定することを目的とする。

　引渡し条件は、通常貿易条件を用いて決定される。例文では、FCA 条件によるとしている。FCA 条件においては、売主は、指定地における合意された地点があれば、その地点において、買主によって指定された運送人またはその他の者に、対象製品を引き渡さなければならない。

例文2項では分割船積みについて定めた。買主が船舶手配を弾力的に行うためには、分割船積みをなしうる方が望ましいので、分割船積みを認めることとした。

　FCA条件においては、買主が自己の費用で引渡指定地からの対象製品の運送契約を締結しなければならず、また、売主は海上保険契約を締結する義務を負わないが、買主が船舶手配および海上保険の付保を独力で行うのが困難な場合があるので、例文3項では、買主に対する協力義務を売主に負わせることとした。

■ Title and Risk ／所有権および危険負担

| **Article 7　Title and Risk**

　Title and risk of loss for each delivery of the Products shall pass from Seller to Buyer at the time such Products are placed at the disposal of the carrier nominated by Buyer on Seller's means of transport ready for unloading. | **第7条　〔所有権および危険負担〕**

　対象製品の所有権および危険負担は、対象製品が荷おろしの準備ができている売主の運送手段の上で、買主によって指名された運送人の処分に委ねられたときに、売主から買主に移転するものとする。 |

解説

第7条　〔所有権および危険負担〕

　この条項は、対象製品の所有権および危険負担の移転時期について規定することを目的とする。所有権および危険負担の移転時期は、契約当事者の合意により自由に取り決めることができる。

　例文では、FCA条件に従い危険負担の移転時期を買主によって指名された運送人への引渡し時とし、同時に所有権も移転するとしたが、貿易条件が異なる場合は、危険負担等の移転時期も異なることになる。

　また、売主が、代金債権の担保として、代金支払時まで対象製品の所有権の移転を留保することを要求することがあるが、対象製品は対象機械に組み込まれることが予定されているので、その場合は、遅くとも対象機械が流通に置かれた時点で所有権を買主に移転しておく必要がある。

■ Inspection ／検品

| **Article 8　Inspection**
(1) Seller shall inspect the Products prior to delivery at the Seller's factory in accordance with the inspection standards and procedures to be established by Buyer at its sole discretion. Buyer reserves the | **第8条　〔検品〕**
(1)　売主は、買主がその裁量で決定した検品基準および検品手続きに従い、売主の工場において引渡し前に対象製品を検品するものとする。買主は、売主への合理的な通知を条件とし、売主の工場において引渡し前に対象 |

right, subject to reasonable notice to Seller, to inspect the Products prior to delivery at Seller's factory.

(2) If Buyer informs Seller of any Products that are defective, damaged, or otherwise   not conforming to the specifications, Seller shall promptly replace all such Products with substitute shipments by way of airfreight, or in such manner as maybe requested by Buyer, at no additional cost to Buyer.

(3) Failure of Buyer to inspect any or all of the Products in a timely manner in accordance with the foregoing paragraphs shall not constitute a waiver by Buyer of any right to which Buyer would be entitled against Seller, including, without limitation, claims for replacement, damages or recovery of the purchase price of such defective Products.

製品を検品する権利を保持する。

(2) 買主が売主に対し対象製品に欠陥、毀損またはその他仕様との不一致があることを通知した場合は、売主は、買主に追加費用を請求することなく、空輸によりまたは買主が要求した方法により、かかる製品のすべてを速やかに交換するものとする。

(3) 買主が前各項に従い時宜に応じて対象製品の一部またはすべてを検品しなかったとしても、欠陥製品の交換、損害賠償または売買代金の返還請求を含む、買主が売主に対して有するいかなる権利の放棄とも解釈されないものとする。

解説

第8条　〔検品〕

　この条項は、対象製品の検品方法について規定することを目的とする。

　対象製品が機械の場合、売主において仕様との一致を確認することは容易であり、また、売主が仕様との不一致を発見することが無駄なコストを避け、不測の損害を避けることにつながるため、例文では売主の工場において売主が検品することとした。さらに、買主にも売主の工場にて検品をする権利を保持させた。

　検品基準および検品手続きについては、例文では買主の裁量によることとしたが、売主の裁量や両当事者の合意で時宜に応じて定めることもある。

　例文3項では、買主が検品をしなかったとしても、それにより買主が権利を放棄したと解釈されてはならないことを確認している。

■ Warranty／保証

Article 9 Warranty	第９条 〔保証〕
(1) Seller shall convey to Buyer good and merchantable title to the Products free and clear of any encumbrance, lien or security interest. Seller warrants that all Products shall be of the quality specified in the product description and otherwise conform exactly to the drawings, samples, or other specifications, if any, in all respects.	(1) 売主は買主に対し、対象製品について、何らの負担、先取特権または担保権の付着していない有効かつ取引適合性のある所有権を引き渡すものとする。売主は、すべての対象製品が製品説明書に記載されている品質を有しており、あらゆる点において、図面、サンプル、その他の仕様に合致していることを保証する。
(2) Seller also warrants that all Products shall be free from any defects in design, materials or workmanship and shall be fit for the intended purpose of Buyer expressed in writing from time to time.	(2) 売主は、すべての対象製品が設計、原料または製造上の欠陥がなく、随時書面により表明される買主の意図する目的に適合していることを保証する。
(3) Seller further warrants that the quality of the Products shall not change in transportation and for a period of ____ (____) days from the date of delivery to Buyer, or for a period of ____ (____) days from the date of sale of the Machinery embodying such Products to its end use customers, whichever occurs first.	(3) 売主は、輸送中、および買主に対する引渡日から ____ 日間または対象製品を組み込んだ対象機械のエンドユーザーに対する販売日から ____ 日間のうちいずれか早く到来する日まで、対象製品の品質が変化しないことを保証する。
(4) This warranty shall survive any inspection, acceptance or payment by Buyer. In the event of any breach by Seller of any of its warranties set forth herein, Buyer shall have the right, at its sole discretion, either to request Seller to repair or replace defective Products	(4) この保証は、買主によるいかなる検品、受領または代金の支払いによっても効力を失わないものとする。売主が本契約に定める保証に違反した場合は、買主は売主に対し、他の救済方法を失うことなく、専ら自己の裁量により、売主の費用をもって、欠陥製品もしくはそのパーツの修理もしくは交換を請求し、または欠陥製品に対応する売買代金の払い戻しを請求できるものとし、さらに、売主は、本条に基づく保証違反により生じたすべての直接的または派生的

or any parts thereof, or to refund a portion of the sales price applicable thereto at Seller's expense without prejudice to any other remedy, and Seller shall be liable for all loss and/or damage, direct or consequential, caused by Seller's breach of any of the warranties hereunder.

な損失および／または損害について責任を負うものとする。

解説

第9条 〔保証〕

　この条項は、対象製品に関する売主による保証および保証違反の場合における買主の権利について規定することを目的とする。

　例文は、①担保権等の負担のない有効かつ取引適合性のある所有権を移転すること、②対象製品が仕様に合致した品質を有していること、③対象製品に設計、原料および製造上の瑕疵がないこと、④買主の意図した目的に適合していることを売主が保証するとしており、買主に極めて有利な規定となっている。実際には、売主・買主間でいかなる範囲において保証をつけるかを協議することとなろう。

　買主の意図した目的とは、買主が対象製品を購入した目的をいい、この契約では特定の対象機械に組み込むことをいう。対象製品を対象機械に組み込むことができなかった場合は、売主は買主に対し保証義務違反の責任を負う。

　保証期間については、買主としてはできる限り長期間の保証を希望し、売主としては短期間の保証に限定することを希望するのが通常である。例文3項では、対象製品の引渡日と対象機械のエンドユーザーに対する販売日を保証期間の起算日として併用しているが、保証期間を定めるにあたっては、対象機械のエンドユーザーに対して買主が負う保証内容も考慮した上で、個別に協議・決定することが必要である。

　保証違反に対する買主の権利としては、例文4項で、買主に、①修理請求、②交換請求、③代金返還請求、④損害賠償請求を認めているが、実際には、売主から、これらのうちのいずれかに限定することを求められる場合があるので、かかる要求があった場合は、対象製品の性質を考慮し、どの権利を確保すべきかを検討する必要がある。

　さらに、保証義務違反があった場合の損害賠償の範囲について、例文では売主は買主が被った派生的な損害についてまで責任を負うとしているが、売主より直接損害に限定するとの要求がなされる場合がある。

Article 10   Product Liability

(1) Seller shall indemnify and hold harmless Buyer, its employees, officers, agents and sub-contractors from and against any and all actions, suits, administrative proceedings, claims, demands, losses, damages and costs and expenses of whatever nature including, without limitation, all attorney's fees, for injury to or death of any individual, or any loss of or damage to property, which may arise from or in connection with any defect or alleged defect in design, manufacturing and/or warning of the Products.

(2) Buyer may, but shall not be obliged to, obtain and maintain product liability insurance with insurers at the Seller's expense under such terms and conditions deemed proper by Buyer, and subject to Seller's reasonable approval, to cover any and all losses, damages, costs and expenses of whatever nature, which may arise from or in connection with any defect of alleged defect in design, manufacturing and/ or warning of the Products. Seller shall pay or reimburse Buyer for all premiums incurred by Buyer for this product liability insurance.

第 10 条 〔製造物責任〕

(1) 売主は、買主、その従業員、役員、代理店および下請業者を、対象製品の設計、製造および／または表示上の欠陥もしくは欠陥の主張により、またはこれらに関連して発生した傷害もしくは死亡、または財産の損失もしくは損害に関するすべての訴訟、行政手続、請求、要求、損失、損害、および弁護士報酬金額を含むすべての費用から補償し、免責するものとする。

(2) 買主は、売主の合理的な承認を条件として、自らが適切と判断する条件の、対象製品の設計、製造および／または表示上の欠陥もしくは欠陥の主張により、またはこれらに関連して発生するすべての損失、損害、および費用を担保するための製造物責任保険を、売主の費用において付保し、維持することができる。売主は買主に対し、この製造物責任保険により買主が負担するすべての保険料を支払い、または償還するものとする。

解説

第10条 〔製造物責任〕

　この条項は、対象製品の欠陥により惹起された第三者の生命、身体または財産に発生した損害を賠償するいわゆる製造物責任対策のための規定であり、対象製品の欠陥により買主が負担する製造物責任に基づく損失ないし損害を売主に負担させることを目的としている。

　買主は、エンドユーザー等の第三者との関係においては製造物責任を免れることはできないが、売買契約の当事者間においては、契約で予め損害の負担者を定めておくことが可能であることから、例文では、売主が買主を免責し、すべての損害ないし損失を負担することとした。

　例文2項は、製造物責任保険について規定する。売主が製造物責任を負担するとの取決めをした場合でも、売主に資力がない場合には、買主が事実上製造物責任を負担せざるをえない。そこで、製造物責任保険を売主の費用負担で付保できることとした。

　製造物責任については、個々のケースに応じ必要とする条項を柔軟に検討することが望ましい。例えば、取扱説明書または使用上の注意事項等を買主へ提供するよう売主に義務付けることなどが考えられる。このような条項は、対象製品の形状・特性、ユーザー等を個別に考慮することが必要であることから、例文では省略した。

■　**Intellectual Property Rights ／知的所有権**

Article 11　Intellectual Property Rights

　Seller shall indemnify and hold harmless Buyer, its employees, officers, agents and sub-contractors from and against any and all actions, suites, administrative proceedings, claims, demands, losses, damages and costs and expenses of whatsoever nature including, without limitation, all attorney's fees, which may arise from or in connection with infringement or alleged infringement of any patent, utility model, design, trademark, copyright or any other intellectual property rights including, without limitation, rights created under the Unfair Competition Prevention Act of Japan, in connection with the Products.

第11条 〔知的所有権〕

　売主は、買主、その従業員、役員、代理店および下請業者を、対象製品に関する特許、実用新案、意匠、商標、著作権および不正競争防止法に基づく権利を含むその他の知的所有権の侵害もしくは侵害の主張により、またはこれらに関連して発生したすべての訴訟、行政手続、請求、要求、損失、損害、および弁護士報酬金額を含むすべての費用から補償し、免責するものとする。

第11条 〔知的所有権〕

　この条項は、対象製品の販売が第三者の知的所有権を侵害したことにより発生した責任に関する規定であり、買主が負担する損失ないし損害を売主に負担させることを目的としている。

　買主は、対象製品の製造・販売に関して第三者の知的所有権を侵害した場合、かかる第三者より使用差止請求、損害賠償請求等をうけることとなるが、買主に発生したこのような損害を、売主・買主のいずれが負担するかについては、契約で予め定めておくことが通常であり、例文では、売主が買主を免責し、すべての損害ないし損失を負担することとした。

　これに対し、売主は、日本国内における知的所有権の侵害の有無を調査することが困難である等の理由により、売主を免責し、買主が全ての責任を負担することを要求する可能性がある。知的所有権侵害に関する責任を売主・買主のいずれが負担するかは売主と買主との力関係等により決せられるが、もし買主が責任を負担するとの合意がなされた場合は、対象製品が日本国において第三者の知的所有権を侵害しないかを十分調査する必要がある。

■ Trademarks ／商標

Article 12　Trademarks

(1) Buyer shall have the right to use the trademarks listed in Appendix 2 (the "Trademarks") on the Products during the term of this Agreement.

(2) Upon termination of this Agreement, any and all rights granted in this Article by Seller to Buyer shall automatically terminate and Buyer shall forthwith cease to use any Trademarks; provided, however, that even after the termination of this Agreement, Buyer may use the Trademarks in connection with the Products held in stock by it at the time of termination.

第12条 〔商標〕

(1)　買主は、本契約期間中、添付別紙2記載の商標（以下「対象商標」という）を対象製品について使用する権利を有するものとする。

(2)　本契約が終了したときは、本条において売主より買主に許諾されたすべての権利は自動的に消滅し、買主は直ちにすべての対象商標の使用を停止しなければならないものとする。ただし、本契約終了後においても、買主は、本契約終了時に在庫として保有していた対象製品に関し、対象商標を使用することができる。

第12条 〔商標〕

　買主が対象製品を買主の製品の一部として組み込んだ場合においても、対象製品について売主の商標を使用して買主の製品を販売することがある。この条項は、買主が売主の商標を対象製品

について使用することに関して規定することを目的とする。

例文2項は契約終了後の商標の使用について規定する。契約終了後は買主は売主の商標を使用することはできないという原則につき述べた上で（売主としてはこれを要求することが多い）、契約終了時に買主が在庫として保有している対象製品については、買主は当該商標を使用しうるとしている。

■ Tax and Duty ／税金および公課

| **Article 13　Tax and Duty**　All customs duties, taxes, imposts, fees and other charges including, without limitation, the cost of any certificate of origin imposed on or required for the Products and sale thereof in the country of shipment, shall be borne by Seller. All corresponding charges including, without limitation, any import charges imposed in the country of destination shall be borne by Buyer. | **第13条　〔税金および公課〕**　すべての関税、租税、輸入税、および原産地証明の費用を含むその他の課税で、船積国において対象製品およびその販売について課されまたは要求されるものは、売主が負担するものとする。到着国において課せられる輸入税を含むすべての対応する課税は、買主が負担するものとする。 |

解説

第13条　〔税金および公課〕

この規定は、売買契約の履行に関して税金・関税等が賦課される場合の負担者を定めることを目的とする。

例文では、FCA条件に従って、売主が輸出国側、買主が輸入国側の税金等の負担者となると規定している。

■ Term ／期間

| **Article 14　Term**　(1) The term of this Agreement shall commence on the date first above written and continue in full force and effect for＿＿（＿＿）years from the date of such commencement unless terminated earlier. | **第14条　〔期間〕**　(1)　本契約の期間は冒頭記載の日に始まり、早期に終了しない限り、かかる開始日より＿＿年間効力を有するものとする。　(2)　本契約の当初の契約期間または延長された契約期間の満了日の少なくと |

(2) Unless either party gives to the other a written notice of its intention not to extend this Agreement at least six (6) months prior to the end of the initial term of this Agreement or any extension thereof, this Agreement shall be automatically extended for ＿＿ (＿＿) consecutive years.

も6ヶ月前までに、当事者の一方が相手方に対して本契約を延長しない旨の意思表示を書面により通知しない場合は、本契約は自動的に ＿＿ 年間延長されるものとする。

解説

第14条 〔期間〕

　契約期間とは売主・買主間の権利義務の存続期間である。契約期間は、確定期間を定めておくのが通常であり、契約締結日を起算日としてカレンダーイヤーで規定することが多い。しかし、場合によっては不確定期間を選択することもある。

　契約期間として確定期間を定めた場合は、その期間の満了によって契約関係も終了するが、期間満了時の取扱いについて、当事者の合意がある場合に限り契約の更新をするという定めをすることもあれば、一方の当事者より異議が申し立てられない限り契約を自動更新する等と定めることもある。例文は当事者の異議なき限り契約期間の自動更新を行うとの条項になっている。

　期間について定めがない場合には、相手方に対する通知をもって終了させることができると解されている。しかし、本件のような継続的取引契約の解約の場合には、我が国の裁判例にも相当な予告期間をおいた通知または補償金の支払を求めるものがあり、注意を要する。

■　Termination／終了

Article 15　Termination
(1) Either party may terminate this Agreement and/or any Individual Sales Contract if the other party fails to perform its obligations and undertakings of this Agreement, or otherwise commits a breach of this Agreement, and such default or breach is not cured within fourteen (14) days after written notice thereof.

第15条 〔終了〕
(1)　相手方が本契約における義務および約束の履行を怠り、またはその他本契約に違反し、書面による通知から14日間以内にかかる不履行または違反が是正されなかった場合は、本契約の当事者は、本契約および／または個別売買契約を終了することができる。
(2)　本契約の当事者につき以下に定めるいずれかの事情が生じた場合は、当

(2) This Agreement shall be automatically terminated without notice to the party if any of the following events occurs to such party:

  (a) General assignment by the party for the benefit of creditors;

  (b) Insolvency of the party; or,

  (c) Institution of voluntary or involuntary proceedings by or against the party in bankruptcy or under insolvency laws, or for corporate reorganization, or for a receivership, or for the dissolution of the party.

(3) Unless otherwise set forth herein or unless otherwise expressly agreed upon between the parties, the termination of this Agreement shall not affect any outstanding Individual Sales Contracts that have been confirmed prior to such termination and such Individual Sales Contracts shall be executed in accordance with the terms of this Agreement.

該当事者に対し何ら通知することなく、本契約は自動的に終了するものとする。

  (a) 債権者の利益のためになされる資産の一般的譲渡

  (b) 支払不能

  (c) 当事者による、または当事者に対する、任意手続か強制力のある手続か否かを問わず、破産、倒産、会社更生、財産保全、または清算の申立て

(3) 本契約に別段の定めのある場合または本契約の当事者が明示的に別段の合意した場合を除き、本契約の終了は、かかる終了に先立って締結された未履行の個別売買契約に何ら影響を与えず、かかる個別売買契約は本契約の条件に従って履行されるものとする。

解説

第15条 〔終了〕

　継続的取引契約においては、期間満了による終了のほか、①相手方が契約に違反した場合、②相手方に破産、支払不能などの事由が生じ、契約を継続することが事実上不可能となった場合には、契約関係を終了させることができると規定するのが一般的である。

　契約違反には軽微なものから重大なものまであり、解除権を行使できるのは一般的に相手方に重大な違反があった場合であると解されるが、その判断は法律上なかなか困難である。そこで、契約書において、契約の解除事由として具体的に違反の類型を表現して、判断基準を明確にしておくことが望ましい。例文では、具体的な違反例を細かく記載していないが、違反行為があれば直ちに解除権を行使するのではなく、相当日数の猶予期間を与え、その期間の終了時点において

契約を解除できるように規定している。

　契約の継続が事実上不可能となる事由については、破産、支払不能などを具体的に記載しておく必要がある。この種の終了原因については、相手方に催告する意味がないことから、猶予期間を不要とするのが一般的である。

　購入基本契約が終了しても、終了前に発生した具体的な権利義務が当然に消滅するわけではないので、契約終了前に発生した権利義務の取扱いを定める必要がある。例文3項は、契約終了前に締結した個別売買契約は原則として契約終了の影響を受けないこととし、このことを明示した。

■ Assignment ／譲渡

Article 16　Assignment	第16条　〔譲渡〕
Neither party shall assign, transfer or otherwise dispose of whole or any part of this Agreement, or any rights or obligations hereunder without the prior written consent of the other party. Any assignment, transfer or disposition made without such consent shall be null and void.	いずれの当事者も、相手方の書面による事前同意なくして、本契約のすべてもしくは一部または本契約に基づくいかなる権利もしくは義務も譲渡、移転その他の処分をしてはならないものとする。かかる同意なくしてなされた、譲渡、移転または処分は無効とする。

解説

第16条　〔譲渡〕

　購入基本契約は、当事者間の特別の信頼関係を前提として締結される契約であり、第三者に契約関係の一部または全部を譲渡してしまうことは、契約締結の趣旨に反することとなる。

　これに対し、契約関係の譲渡ではなく、契約関係から生じた個々の債権債務を譲渡することは必ずしも契約の本質に反するものではない。しかし、債権債務を自由に譲渡しうるとすると、債権譲渡の場合は債務者が予期していなかった第三者から履行を要求されることとなり、また債務引受の場合は、債務者の変更により債務の履行に支障をきたすおそれがある。

　そこで、契約関係の譲渡のみならず個々の債権債務の譲渡についても、相手方の事前同意を条件とすることとした。

■ Secrecy ／秘密保持

Article 17　Secrecy	第17条　〔秘密保持〕
(1) If either party expressly designates certain matters as secret at the time when such matters are disclosed	(1)　当事者が、本契約に関連してある事項を開示したときに、当該事項を秘密事項と明示した場合は、相手方（以

by such party in connection with this Agreement, the other party ("Receiving Party") shall keep such matters in strict confidence from any third party.

(2) The obligation of secrecy shall not apply if the information sought to be disclosed is:

(a) in the possession of the Receiving Party at the time of its communication;

(b) in the public domain at the time it was communicated to the Receiving Party; or

(c) made public subsequent to the time of communication through no fault of the Receiving Party.

(3) The obligation of secrecy shall be relieved if disclosure is required by law, regulations or orders (whether or not having the force of law) of a government authority or other organization having appropriate authority.

下「受領者」という。）は、かかる事項をいかなる第三者に対しても極秘にする。

(2) 開示された情報が下記に該当する場合は、秘密保持義務は適用されないものとする。

(a) 情報受領時に既に受領者が保有していたとき

(b) 情報受領時に既に公知の事実であるとき、または

(c) 情報受領後に受領者の過失無く公知となったとき。

(3) 法律、規則または政府機関その他適切な権限を有する機関による命令（法的強制力を有するか否かは問わない）によって開示が要求される場合は、秘密保持義務は適用されないものとする。

解説

第17条〔秘密保持〕

　継続的契約関係を締結、維持する上で何らかの秘密事項の開示を伴うのは通常であり、購入基本契約もその例外ではない。信頼関係に基づいた継続的契約関係においては、相互の秘密保持義務は商道徳上当然ともいえるが、契約書上で明確な義務として規定しておくことが望ましい。例文では、当事者の一方が秘密扱いを求めた場合には他方は秘密として扱うことを定め、秘密保持義務を当事者双方の義務として明記している。

　もっとも、当事者から開示された情報であっても、そもそも秘密保持義務の対象とすべきではない情報もあれば、秘密情報であっても開示がやむをえない場合も想定しうる。例文では、①情報受領時に既に受領者が保有していた情報、②情報受領時に既に公知の事実であった情報、③情報受領後に受領者の過失なく公知となった情報については秘密保持義務の対象とならないとし、

さらに、法律、規則等により開示を要求された場合は、秘密保持義務は適用されないと定めた。

■ Force Majeure ／不可抗力

Article 18　Force Majeure	第18条　〔不可抗力〕
Neither party shall be liable to the other party for a failure or delay in the performance of any of its obligations under this Agreement for the period and to the extent such failure or delay is caused by riots, civil commotions, wars (declared or undeclared), hostilities between nations, governmental laws, orders or regulations, embargoes, actions by the government or any agency thereof, acts of God, storms, fires, accidents, strikes, sabotage, explosions, or other similar or different contingencies beyond the reasonable control of the respective parties.	いずれの当事者も相手方に対し、本契約に基づく義務の不履行または遅延が、暴動、内戦、戦争（現実に布告が行われたか否かに拘わらず）、国家間の敵対行為、政府の法律、命令または規則、通商の禁止、政府またはその機関による強制処置、天災、嵐、火災、事故、ストライキ、サボタージュ、爆発、その他自己の合理的な支配を超える類似のまたは異なる事由によって生じたものである限りは、その事由が継続する期間、かかる不履行および遅延につき責任を負わないものとする。

解説

第18条　〔不可抗力〕

　契約に定められている義務の履行が、当事者の故意、過失なく当事者の合理的に支配できない事由（不可抗力事由）により妨げられることがある。このような不可抗力事由による義務の不履行について、当事者の免責を規定した。どのような事由を不可抗力事由とするかについては、契約の性質および内容を考慮して決定されるべきであろうが、契約条項では具体的に例示しておくのがよい。実際に発生した事由が不可抗力事由にあたるかどうかの最終的判断は、当事者間に合意がなされない場合、裁判または仲裁で決定されることになる。

■ Notice ／通知

Article 19　Notice	第19条　〔通知〕
(1) All notices, demands and other communications by one party to the other with respect to this Agreement shall be made in writing by registered	(1)　本契約に関して当事者の一方から他方に対してなされるすべての通知、請求およびその他の通信は、書面によるものとし、送料前払いの書留航

airmail, postage prepaid, or facsimile, or electronic mail, or personal delivery at the addresses first above written, or at such other address as may be notified by such other party pursuant to the provisions of this Article from time to time.

(2) All notices, demands and other communications mentioned above shall be deemed to have been given at the time of receipt when made by personal delivery, at the time of confirmation when made by facsimile or electronic mail, and seven (7) days after posting when made by registered airmail.

空郵便、ファクシミリ、電子メール、または手渡しにより、冒頭記載の住所または相手方から本条の規定に従い通知される他の住所宛になされるものとする。

(2) 上記のすべての通知、請求および通信は、手渡しの場合には受領時に、ファクシミリまたは電子メールによる場合には受領確認時に、書留航空郵便による場合には投函後7日後に到達したものとみなされるものとする。

解説

第19条 〔通知〕

　相手方との間での連絡などの行き違いがないように、意思表示の伝達の方法およびその効果について規定したのがこの条項である。隔地者間の意思表示の効力発生については、発信主義を原則とするのが便利であるが、ファクシミリや電子メール等による意思表示の伝達の効力発生は、発信後の書面による確認を条件とするのが適切といえる。通知の発信者・受信者は、担当事業部長等としても、社長としても構わない。

■　Trade Terms ／貿易条件

Article 20　Trade Terms

　The trade terms used under this Agreement and/or each Individual Sales Contract shall be governed by and interpreted in accordance with the provisions of Incoterms 2020 of the International Chamber of Commerce, or any subsequent revision or amendment thereto.

第20条 〔貿易条件〕

　本契約および／または各個別売買契約において使用される貿易条件は、国際商業会議所のインコタームズ2020および以後の改訂版の規定に準拠し、解釈されるものとする。

第20条　〔貿易条件〕

　国際売買取引は法律のみならず国際慣習に従って行われることが多い。この国際慣習は、長年の慣行として定型化されてきたものであるが、いまだ慣習法として確立されたものはなく、内容、解釈等については多少の相異点がある。そこで、そのいずれによるかを規定しておくことが必要である。

　本邦業者は、例文のように国際商業会議所のインコタームズを通常使用している。

■　Governing Law ／準拠法

Article 21　Governing Law	**第 21 条　〔準拠法〕**
The validity, construction, performance and enforceability of this Agreement and/or each Individual Sales Contract shall be governed by and construed under the laws of Japan[,excluding the United Nations Convention on Contracts for the International Sale of Goods].	本契約および／または各個別売買契約の有効性、解釈、履行および執行可能性は、[国際物品売買に関する国連条約を除き、]日本国法に準拠し、解釈されるものとする。

第21条　〔準拠法〕

　契約の成立、解釈、執行可能性などに関する準拠法は、私的自治の原則に委ねる法制をとる国がほとんどであるので、いかなる国の法律を準拠法とするかを合意しておくことが望ましい。

　日本側の買主としては、例文のように準拠法を日本と指定するのが無難である。他方、外国の売主としては、自国の法を準拠法とすることを希望する可能性が高い。

　最終的には両者の力関係等により決せられることであるが、両者に馴染みのある第三国法を使用する方法、準拠法の規定をせずに、準拠法の決定は将来に委ねる方法等もある。

＜ウィーン売買条約＞

　国際的な物品の売買契約については、「国際物品売買契約に関する国連条約」（ウィーン売買条約）が日本についても効力を発生している。この条約の特徴は、明示的に排除しない限り自動的に適用され、国内法に優先することである。きわめておおまかに言うと、契約書でいろいろな事項を細かく定めてウィーン売買条約の適用を排除するという選択肢と、逆に契約書は結ばずに全面的にウィーン売買条約のみに従うという選択肢があり得ると思われる。ウィーン売買条約の適用を排除するのであれば、例文中の [ ] で示したような文言を入れるのがよい。

■ Arbitration ／仲裁

Article 22　Arbitration	第 22 条　〔仲裁〕
All disputes, controversies or differences arising out of or in connection with this contract shall be finally settled by arbitration in accordance with the Commercial Arbitration Rules of The Japan Commercial Arbitration Association. The place of the arbitration shall be Tokyo, Japan.	この契約から又はこの契約に関連して生ずることがあるすべての紛争、論争又は意見の相違は、一般社団法人日本商事仲裁協会の商事仲裁規則に従って仲裁により最終的に解決されるものとする。仲裁地は東京（日本）とする。

解説

第 22 条　〔仲裁〕

　国際取引から生じる紛争を解決するために、訴訟を提起するという方法があるが、相手国の裁判所でその国の手続法によりその国の言語で裁判をするのは、コストがかかる上に、公正な裁判が期待できない国もある。そこで、当事者双方が選任権を有する仲裁人により、合意した手続ルールや言語によることができる仲裁によって紛争を解決するという方法が国際取引ではよく使われている。仲裁によれば、迅速に、それゆえに安価に紛争を解決することができ、しかも強制執行が必要となる場合にも、判決よりも仲裁判断の方が多くの国が締約国となっている条約があるためにスムーズだからである。

　仲裁条項のドラフティングでは、仲裁の対象となる紛争の範囲、仲裁機関、仲裁規則、仲裁地などを明確に規定する必要がある。この条項は、日本商事仲裁協会（JCAA）の商事仲裁規則に従って東京での仲裁により紛争解決をすると定めるものである。このような仲裁合意をしておけば、相手方が訴訟を提起してきても、その訴えの却下をもとめることができる。詳しくは「III. 仲裁条項のドラフティング」参照。

■ Entire Agreement and Modification ／完全合意および修正

Article 23　Entire Agreement and Modification	第 23 条　〔完全合意および修正〕
(1) This Agreement constitutes the entire and only agreement between the parties and supersedes all previous or contemporaneous negotiations, agreements and	(1) 本契約は、対象製品の販売に関する両当事者の完全かつ唯一の合意を構成し、従前または同時になされた一切の交渉、合意および約束に優先するものとする。 (2) 本契約は、両当事者の正当な権限を

commitments relating to the sale of the Products.

(2) This Agreement shall not be modified or changed in any manner except by mutual written consent of subsequent date signed by a duly authorized representative of each of the parties.

有する代表者が本契約日以後の日付の書面により同意した場合を除き、いかなる方法によっても修正、変更をすることができないものとする。

解説

第 23 条 〔完全合意および修正〕

　契約の交渉段階において、契約の主題に関して、様々な提案、意思表示、説明等が文書または口頭でなされる。しかし、当事者を規律するものは、調印されたこの契約条項のみである旨を明確にする必要がある。この目的で設けられたのが本条である。従って、契約日以前における当事者間の合意、契約等は、契約の主題に関しては、効力を失うことになる。

　同様に、契約期間中になされる契約修正などの合意も、両当事者の代表権限を有するものにより署名される場合を除き、当初に署名された契約条項の効力を損なうものではない旨を明確に規定する。

■　Privity ／当事者関係

Article 24　Privity

　The relationship between Seller and Buyer hereby established shall be solely that of seller and buyer. Buyer shall not in any event be interpreted as being a representative or agent of Seller, nor shall it have any authority to assume or create any obligations of any kind, expressed or implied, in the name of or on behalf of Seller.

第 24 条　〔当事者関係〕

　本契約により確立される売主と買主との関係は、単なる売主と買主との関係とする。買主は、いかなる場合においても、売主の代理人または代理店として解釈されることはなく、また、明示であれ黙示であれ、売主の名義でまたは売主の代理人として、いかなる種類の義務を負担しまたは発生させる権限を有しないものとする。

解説

第 24 条 〔当事者関係〕

　例文第 1 条において売主と買主との基本的法律関係が宣言されてはいるが、それを更に明確にする目的で、この条項は規定されている。売主と買主との関係が基本的には本人対本人という

対等な関係にある旨を明記し、買主がいかなる意味においても売主の代理人とはならないことを明確にしている。

■　Headings ／表題

Article 25　Headings	第25条　〔表題〕
The headings of articles used in this Agreement are inserted for reference only and shall not affect the interpretation of the respective articles of this Agreement.	本契約において使用される条項の表題は、参照のためにのみ付されたものであり、本契約の各条の解釈に影響を与えるものではないものとする。

解説

第25条　〔表題〕

　英文契約の場合、各条項に「見出し」として、その条項の内容を簡潔に示す表題を付けることが多い。この場合、表題自体は内容の解釈とは無関係なものであり、当事者を拘束するような効力を有するものではない旨規定しておく方がよい。

■　Language ／言語

Article 26　Language	第26条　〔言語〕
This Agreement shall be executed both in English and Japanese. In the event of any inconsistency or difference between the two versions, the English language version shall prevail in all respects.	本契約は英語および日本語の双方によって締結されるものとする。両版の間に矛盾または相違がある場合は、すべての点において英語版が優先するものとする。

解説

第26条　〔言語〕

　契約書作成の為に使用する言語は一言語にしておくのが望ましい。貿易契約は使用言語の異なる当事者間の契約であることが一般であり、二言語以上で作成するとその内容について完全な同一性を期することは技術的に困難であるので、多くの契約書は単数言語によって作成されている。複数言語を用いる場合には、例文のように、不一致がある場合の措置について触れておくことが必要である。

■ Severability ／分離独立性

Article 27   Severability

If any provision of this Agreement is subsequently held illegal, unenforceable or invalid by a court or other competent authority, such illegality, unenforceability or invalidity shall not affect the legality, enforceability and validity of any other provisions of this Agreement. The parties shall replace any such provision with a valid, legal and enforceable provision which most nearly conforms to their original intent.

第 27 条 〔分離独立性〕

本契約の条項のいずれかが後に裁判所またはその他正当な権限を有する機関により違法、執行不能または無効とされた場合、かかる違法性、執行不能性または無効性は、本契約の他の条項の適法性、執行可能性または有効性に一切影響を与えないものとする。両当事者は、かかる規定を本来の意図に最も適合する、有効で適法で強制執行可能な規定によって置き換えるものとする。

解説

第 27 条 〔分離独立性〕

契約条項のうち、ある条項が無効とされたり、強制力がないとされたりすることがある（独占禁止法等取締法規との関係で）。その場合、残りの条項の効力も同時に無効とするか否かについて、契約書に明文の規定を設けておくことが多い。例文では、残りの条項の効力は損なわれないこと、および無効とされた条文の趣旨をなるべく生かした他の条文に置き換えることを定めている。契約の構成としては、ある条項が無効とされた場合には、契約は当然に終了するという構成もありうる。

■ 末尾文言および署名欄

IN WITNESS WHEREOF, the parties have caused this Agreement to be executed in duplicate by their duly authorized representatives as of the date first above written, each party retaining one copy thereof respectively. For _____ _____ Title and signature For _____ _____ Title and signature	上記の契約の証として、本契約当事者は、冒頭記載の日に、それぞれ正当な権限を有する代表者により本契約を２通作成し、各自その１通を保有する。 （会 社 名） _____ _____ 肩書および署名 （会 社 名） _____ _____ 肩書および署名

解説

末尾文言および署名欄

　末尾文言はこの契約が両当事者の正当な代表者または正当に授権された者によって署名され成立したことの宣言文である。

　署名は、代表権を有する者または代表者の委任のある者がなさなければならない。署名に際しては、通常署名権限の有無を確認する意味でも署名者の氏名と共に同人の肩書をも明確に表示しておくべきであろう。

III. 仲裁条項のドラフティング

1．仲裁とは
（1）法制度としての仲裁

　一般に、仲裁とは「争いの間に入り、両者を取りなし仲直りをさせること」との意味で使われることが多いが、法制度としての仲裁は、紛争当事者間の合意により仲裁人が紛争解決をするものである。分かりやすく言えば、仲裁は法律で認められた私設の裁判である。

　仲裁は、当事者の合意、すなわち、仲裁合意がその根幹である。仲裁合意とは、当事者が紛争の解決を第三者の判断に委ね、その判断に従う旨の合意である。仲裁合意において様々なことを決めておくことはできるものの、細かく合意事項を定めることは煩雑であるので、日本商事仲裁協会（JCAA）のような仲裁機関の仲裁規則によることを定めておくのが普通である。通常、契約書中に仲裁条項として定めておく。仲裁合意があるにもかかわらず、一方の当事者が裁判所に提訴した場合には、他方の当事者が仲裁合意の存在を主張すれば（妨訴抗弁）、裁判所はその訴えを却下することになる。

　仲裁において、裁判官の役割を果たす第三者を仲裁人という。当事者が裁判官を選ぶことはできないが、仲裁人は当事者が合意により選ぶことができる。1名の仲裁人とすることを合意していて、その選任について合意できなければ、仲裁条項において指定している仲裁機関の規則により、その仲裁機関が決定をする。例えば、JCAAの「商事仲裁規則」や「インタラクティヴ仲裁規則」では、3名の仲裁人とすることを合意している場合には、各当事者が1名の仲裁人を選任し、そうして選任された2名の仲裁人が最後の1名を選任する。この合意ができない場合にもJCAAが決定することになる。仲裁人は、当事者の一方が、仲裁手続を無視して何ら対応しない場合でも、仲裁手続を進めることができ、仲裁判断を下すことができる。

　仲裁判断は、確定判決と同一の効力があり、相手方が任意に履行しない場合は、裁判所により強制執行してもらうことができる。

（2）仲裁の特長
（a）国際性

　仲裁法によれば、仲裁判断には、確定判決と同一の効力が認められている。判決の場合には、外国で日本の裁判所の判決の効力が認められるかどうかはその外国の法律次第であるが、仲裁判断の場合には、他の締約国においてされた仲裁判断を一定の要件のもとに承認し、これに基づき強制執行すること約束した「外国仲裁判断の承認および執行に関する条約」（ニューヨーク条約）がある。現在、ニューヨーク条約の締約国は160カ国以上であり、ほぼすべての国が締約国になっているということができる。

　なお、非締約国のうち、わが国と取引の多い国として台湾がある。しかし、台湾は自国の仲裁法においてニューヨーク条約と同様の要件を定めている。

(b) 中立性

　仲裁は、手続および判断の中立性を確保することができる。異なる国の当事者の間の取引をめぐる紛争を、一方当事者の国の裁判所によって解決することは、手続法や言語などの違い、さらには適切な弁護士の選任や管理ができないといったことなどから、他方当事者にとって不利である。また、腐敗した裁判官がいる国もある。この点、仲裁は当事者間の合意に基づく紛争解決制度であり、仲裁人の選任、手続言語、手続の進め方などについて、広く当事者の合意によることが認められている。例えば、中国企業と日本企業と間の紛争であっても、英語により、第三国籍の仲裁人による仲裁によって解決することもできる。

(c) 手続の柔軟性

　訴訟では、手続のルールは訴訟法に定められており、これを変更することは認められない。他方、仲裁は当事者の合意を基礎にするものであり、当事者が合意により手続の進め方を決めることができる。たとえば、紛争解決期間を 6 カ月と限定して、その期間内に仲裁判断を下すことを仲裁人に求めることや、手続のすべてを書面やテレビ会議によってのみ行うことも可能である。

(d) 非公開性

　訴訟では、一般に手続が公開される。わが国では、憲法 82 条 1 項は「裁判の対審及び判決は、公開法廷でこれを行ふ。」と規定している。他方、例えば JCAA 仲裁の場合、仲裁を行っていることや仲裁判断の内容について仲裁人も当事者も守秘義務を負っているので、業界の他社に知られることはない。

(e) 迅速性

　訴訟は三審制であり、最高裁まで争われると数年はかかる。これに対し、仲裁では、仲裁判断が下されれば、これに対する上訴はできないので、訴訟と比べると迅速に紛争解決を得ることができる。

2．仲裁条項のヒント

　当事者は、仲裁法の公の秩序に関する規定に反しない限り、どのように仲裁手続を行うかを自由に決めることができる。仲裁には仲裁機関を利用して仲裁手続を行う「機関仲裁」と仲裁機関を利用しないで当事者のみで仲裁手続を行う「アド・ホック仲裁」の 2 つがあるところ、「アド・ホック仲裁」では、現実にうまく仲裁手続が進まないだけでなく、仲裁合意が一応存在するために訴訟ができないという八方塞がりになったケースもある。仲裁に不慣れな場合には、JCAA のような仲裁機関を利用した「機関仲裁」が安全である。

　機関仲裁を利用する場合の仲裁条項のドラフティングでは、利用する規則を特定するだけを定めることもあるが、これに加えて、具体的な手続の方法、仲裁人の資格・数、仲裁手続の言語、手続費用の負担などの定めを盛り込むこともある。以下では、様々な仲裁条項の具体例をあげ、それぞれの特長について考える。

（1）JCAA の 3 つの仲裁規則に基づく仲裁条項

JCAA では、（a）商事仲裁規則、（b）インタラクティヴ仲裁規則、（c）UNCITRAL 仲裁規則、以上 3 つの仲裁規則に基づく仲裁を提供している。これらの仲裁規則はそれぞれに特長を有し、当事者はその中からふさわしい規則を選択することができる。これらの仲裁規則は JCAA のウェブサイト（http://www.jcaa.or.jp/）からダウンロードが可能である。

（a）商事仲裁規則によって仲裁を行う場合の仲裁条項例

All disputes, controversies or differences arising out of or in connection with this Agreement shall be finally settled by arbitration in accordance with the Commercial Arbitration Rules of The Japan Commercial Arbitration Association. The place of the arbitration shall be Tokyo, Japan.	この契約から又はこの契約に関連して生ずることがあるすべての紛争、論争又は意見の相違は、一般社団法人日本商事仲裁協会の商事仲裁規則に従って仲裁により最終的に解決されるものとする。仲裁地は東京（日本）とする。

解説

商事仲裁規則【日本語・英語】は、UNCITRAL 仲裁規則の規定を基礎にし、その上で、最新の国際実務を反映した規定を備え、かつ、実務上争いが生じ得る論点についてきめ細やかに対応した仲裁規則である。特長的な規定は、以下のとおりである。
- 迅速仲裁手続に関する規定
- 緊急仲裁人による保全措置命令に関する規定
- 複数の契約から生ずる紛争を 1 つの仲裁手続で解決することに関する規定
- 多数当事者が関与する紛争を 1 つの仲裁手続で解決することに関する規定
- 仲裁手続中の調停に関する規定
- 仲裁人による補助者の利用に関する規定
- 第三仲裁人の選任について当事者選任仲裁人が一方当事者の意見を個別に聴く場合に関する規定
- 少数意見の公表の禁止に関する規定

（b）インタラクティヴ仲裁規則によって仲裁を行う場合の仲裁条項例

All disputes, controversies or differences arising out of or in connection with this Agreement shall	この契約から又はこの契約に関連して生ずることがあるすべての紛争、論争又は意見の相違は、一般社団法人日本商事仲裁協

be finally settled by arbitration in in accordance with the Interactive Arbitration Rules of The Japan Commercial Arbitration Association. The place of the arbitration shall be Tokyo, Japan.	会のインタラクティヴ仲裁規則 に従って仲裁により最終的に解決されるものとする。仲裁地は東京（日本）とする。

解説

　インタラクティヴ仲裁規則【日本語・英語】は、商事仲裁規則と共通する規定を有しつつ、その上で、仲裁廷が争点の明確化に積極的に関与し、かつ、当事者が主張立証活動を効率的・効果的に行うことができるようにするための工夫として、以下のような特長的な規定を置いている。

- ■　仲裁廷は、手続の出来るだけ早い段階で、当事者に対し、当事者の主張の整理及び暫定的な争点について書面で提示し、当事者の意見を求めなければならない。
- ■　仲裁廷は、遅くとも証人尋問の要否について決定をする前に、当事者に対し、重要な争点に関する暫定的な見解を書面で提示しなければならない。

(c) UNCITRAL 仲裁規則＋ UNCITRAL 仲裁管理規則によって仲裁を行う場合の仲裁条項例

All disputes, controversies or differences arising out of or in connection with this Agreement shall be finally settled by arbitration in accordance with the UNCITRAL Arbitration Rules supplemented by the Administrative Rules for UNCITRAL Arbitration of The Japan Commercial Arbitration Association. The place of the arbitration shall be Tokyo, Japan.

解説

　UNCITRAL 仲裁規則（＋ UNCITRAL 仲裁管理規則）【英語のみ】には、以下の特長がある。

- ■　国際連合国際商取引委員会（UNCITRAL）が作成した仲裁規則である。
- ■　仲裁手続を円滑に行う上で最低限必要なルールを規定している。
- ■　UNCITRAL 仲裁管理規則は、UNCITRAL 仲裁規則に基づき JCAA が事務局として仲裁手続の初めから終りまでサポートをする上で必要な事項について定めたものであり、UNCITRAL 仲裁規則を補完するものである。

(2) 機関仲裁条項（仲裁機関を指定する仲裁条項）

All disputes, controversies or differences arising out of or in	この契約から又はこの契約に関連して生ずることがあるすべての紛争、論争又は意

| connection with this Agreement shall be finally settled by arbitration in accordance with the Commercial Arbitration Rules of <u>The Japan Commercial Arbitration Association</u>. The place of the arbitration shall be Tokyo, Japan. | 見の相違は、<u>一般社団法人日本商事仲裁協会</u>の商事仲裁規則に従って仲裁により最終的に解決されるものとする。仲裁地は東京（日本）とする。 |

解説

　仲裁には仲裁機関を利用して仲裁手続を行う「機関仲裁」と仲裁機関を利用しないで当事者のみで仲裁手続を行う「アド・ホック仲裁」の２つがあるが、「機関仲裁」を選択する場合、どのような仲裁機関を利用すべきかが問題となる。

　仲裁というのは、仲裁条項を含む契約を締結した後、実際に仲裁を利用するのは数年後、数十年後のことになる。JCAA の仲裁事件でも、10 年、20 年前に締結した契約に基づいて仲裁申立てがなされることは、決して珍しいことではない。したがって、仲裁機関の選択においては、仲裁機関の存続性というものがとても重要な要素である。契約締結時に存在していたとしても、実際に紛争が生じて仲裁を申し立てようと思ったら、仲裁機関が無くなっていれば、仲裁での紛争解決手段が失われてしまう。仲裁機関はウイスキーの醸造メーカーのようなもので、よいウイスキーを仕込んでもそれが現実に利益を生むまでには一定の期間を要するため、その一定期間を生き延びる必要があり、資金不足で消滅してしまうおそれがある。

　近年、国際仲裁の発展に伴って、各国で次々に新しい仲裁機関が設立されているが、特に、新しい仲裁機関の場合には、安易に選択するようなことはせず、その存続性について調査する必要がある。この点、JCAA は、1950 年に日本商工会議所の国際商事仲裁委員会として設置されて以降、半世紀以上にわたる歴史を有し、財政基盤も数多くの会員の支援と他事業からの収益によって安定しており、さらに何よりカントリーリスクのない日本の仲裁機関であるので、その存続性にいささかの問題もない。

（３）仲裁規則を規定する仲裁条項

| All disputes, controversies or differences arising out of or in connection with this Agreement shall be finally settled by arbitration in accordance with <u>the Interactive Arbitration Rules</u> of the Japan Commercial Arbitration Association. | この契約から又はこの契約に関連して生ずることがあるすべての紛争、論争又は意見の相違は、一般社団法人日本商事仲裁協会の<u>インタラクティヴ仲裁規則</u>に従って仲裁により最終的に解決されるものとする。 |

　仲裁は当事者自治を基本とする紛争解決方法である。当事者は、仲裁法の公の秩序に関する規定に反しない限り、どのように仲裁手続を行うかを自由に決めることができる。したがって、当事者が仲裁手続の一つ一つについて検討し決めても良いが、実際にそのようなことをすることは大変面倒であるし、そもそも仲裁手続に不慣れな当事者にとっては、とても難しいことである。そこで、手続管理の専門機関である仲裁機関が、仲裁手続を行うためにドラフトした手続準則の「セット」を利用することになる。これが仲裁規則である。仲裁規則は、仲裁手続の細部に至るまで検討して、円滑にかつ実効的な紛争解決を実現するための様々な事項を定めたものであり、これを契約で採用することによって、当事者の合意内容になるので、個々の事項についての交渉の手間を省くことができる。

　とはいえ、特定の仲裁規則による仲裁を定める条項を契約に盛り込むということは、その仲裁規則が定めている内容のすべてを合意するということを意味するので、本来は仲裁規則の内容を事前にチェックして、万一紛争が発生した場合に自分の側にとって不都合はないのか、有利なのかを検討する必要がある。しかし、実際のところ、法務担当者であっても、仲裁の経験が豊富な方は滅多にいないので、仲裁規則を読んでみても、どのような状況が生じる可能性があるのか、その際にその規定はどのように作用するのかを評価することは難しい。そのような場合であっても、少なくとも、①仲裁人の選任手続の規定、②仲裁地を定める規定、③手続言語を定める規定、④仲裁人報償金や管理料金を定める規定、以上４つの規定については必ず確認する必要がある。

　上記の仲裁条項では、JCAA の「インタラクティヴ仲裁規則」が規定されている。インタラクティヴ仲裁規則は、仲裁廷が争点の明確化に積極的に関与することによって、当事者が主張立証活動を効率的に行うことができるよう工夫された仲裁規則である。上記の４つの点については、次のとおりになっている。

　①の仲裁人選任は当事者自治が原則であり、決められない場合には JCAA が定めることになっている。②の仲裁地について当事者間の合意がない場合には、申立人が仲裁申立書を提出した JCAA の事務所の所在地（東京、横浜、名古屋、大阪、神戸）が仲裁地となる。③の手続言語について当事者が合意できない場合には、仲裁廷が契約書の言語や通訳・翻訳の要否やその費用等を勘案して決定するとされている。④のうち、仲裁人報償金については、請求額に応じた定額制が採用されている点に特徴がある。たとえば、請求額が 5000 万円以上 1 億円未満で、仲裁人 1 名の場合には、200 万円であるので、予め紛争解決コストの計算が可能となる。

　仲裁条項は「真夜中の条項」（midnight clauses）の一つとされ、契約交渉の最終段階で、十分検討されることなくドラフトされることもあるが、いざ紛争が発生したときになってから適用される仲裁規則を読んで、遠隔地での仲裁を強いられるといった不利を悟ることがないように、事前のチェックを怠らないようにしなければならない。

（4）「商事仲裁規則」の迅速仲裁手続によって仲裁を行う場合の仲裁条項

All disputes, controversies or differences arising out of or in connection with this Agreement shall be finally settled by arbitration in accordance with <u>the expedited arbitration procedures of the Commercial Arbitration Rules</u> of The Japan Commercial Arbitration Association. The place of the arbitration shall be Tokyo, Japan.	この契約から又はこの契約に関連して生ずることがあるすべての紛争、論争又は意見の相違は、一般社団法人日本商事仲裁協会の<u>商事仲裁規則の迅速仲裁手続</u>に従って仲裁により最終的に解決されるものとする。仲裁地は東京（日本）とする。

解説

　商事仲裁規則第2編に定める迅速仲裁手続によって仲裁を行う場合の仲裁条項である。迅速仲裁手続は、原則、5,000万円未満の紛争を処理するために使われる仲裁手続である。仲裁人は1人で、仲裁廷の成立日から3か月以内に仲裁判断をするよう努めることとされている。一般に小額紛争に利用される手続であるが、高額紛争であっても、例えば、金銭消費貸借契約に関連する紛争など、主張・立証が比較的容易な事件にも適していると思われる。

（5）仲裁人の要件や数を規定する仲裁条項

All disputes, controversies or differences arising out of or in connection with this Agreement shall be finally settled by arbitration in accordance with the Commercial Arbitration Rules of The Japan Commercial Arbitration Association. The place of the arbitration shall be Tokyo, Japan. <u>(i) The arbitrator shall be in possession of qualification of a lawyer in Japan. (ii) The number of the arbitrators shall be （　）.</u>	この契約から又はこの契約に関連して生ずることがあるすべての紛争、論争又は意見の相違は、一般社団法人日本商事仲裁協会の商事仲裁規則に従って仲裁により最終的に解決されるものとする。仲裁地は日本（東京）とする。<u>(i) 仲裁人は日本の弁護士資格を有する者とする。(ii) 仲裁人の数は、（　）人とする。</u>

(i) 仲裁人の要件

　当事者は仲裁条項において仲裁人の要件を自由に定めることができるが、現実的に選任が可能な要件を規定する必要がある。極端な例として、JCAA は、過去に、①フランスの弁護士資格を有し、②日本語で仲裁手続を行うことができ、③国際的な建設紛争に 10 年以上の経験がある者、という要件を定めてもよいかとの問い合わせを受けたことがある。もちろん、これらの条件を仲裁人の要件として定めることは可能であるが、現実的に、これらすべての要件を満たす仲裁人を探すことは極めて困難であると思われる。日本の仲裁法 18 条 1 項 1 号は、当事者の合意により定められた仲裁人の要件を具備しないことを忌避の原因として挙げている。特別の要件を仲裁条項に盛り込む際は、実際に機能するか否かをよく検討しなければならない。

(ii) 仲裁人の数

　一般に、仲裁実務では、仲裁人の意見が分かれて手続が行き詰まらないようにするために、1 人又は 3 人とされ、3 人の場合には両当事者が各 1 名を選任し、そうして選任された 2 名の仲裁人が 3 人目の仲裁人を選任することとされている。仲裁人の数は、当事者の合意によって定めることができるため、仲裁条項のドラフティングの際に、仲裁人の数を予め規定するか否か、規定する場合には何人と規定するかが問題となる。

　一見すると、1 人より 3 人のほうが、より慎重な判断を期待することができ、何より、自ら選任した仲裁人を仲裁廷の中に送り込むことできるのでよさそうに思われる。しかし他方で、単純に 3 倍の仲裁人報償金及び仲裁人経費を要する。手続期間についても、各仲裁人の都合の調整や合議の時間がかかるため、単独仲裁人による仲裁手続より、長い期間がかかる。

　仲裁人の数を決める上で、もっとも重要なことは、発生し得る紛争の規模と複雑さの予測である。JCAA 仲裁では、過去に、2000 万円〜 3000 万円程度の請求金額の単純な事件で、仲裁条項に仲裁人の数が 3 人と規定されていたため、3 人で仲裁廷を構成し、手続を実施した例がある。この事件では仲裁人の数は 1 人で十分であったと思われる。また、仲裁条項に仲裁人の数が 3 人と規定されている場合であって、迅速仲裁手続による旨の規定がないときには、紛争金額が 5000 万円未満の小額紛争であっても、商事仲裁規則 84 条 1 項ただし書により、迅速仲裁手続が適用されなくなる。

　高額で複雑な紛争の発生が予想されるということであれば、仲裁人の数を 3 人と定める仲裁条項とすることでもよいが、そのような予測が立たない場合には、仲裁人の数は規定しないほうがよい。当事者間に仲裁人の数について合意がない場合には、商事仲裁規則 26 条 1 項により、その数は 1 人となる。これは、当事者が 2 人の場合であって仲裁人の数について合意ができないときは、仲裁人の数は 3 人とすると定める仲裁法 16 条 2 項の適用を排除する合意として有効である。そして、商事仲裁規則 26 条 3 項により、いずれの当事者も、被申立人が仲裁申立ての通知を受領した日から 4 週間以内に、JCAA に対し、仲裁人の数を 3 人とすることを書面により求めることができ、この場合において、JCAA は紛争の金額、事件の難易その他の事情を考慮し、これを適当と認めたときは、仲裁人は 3 人とすることができる。

したがって、契約から発生する紛争の規模と複雑さの予測が困難な場合には、仲裁人の数は定めず、その数の決定を JCAA にお任せいただくことをお勧めする。

（6）仲裁手続の言語を規定する仲裁条項

All disputes, controversies or differences arising out of or in connection with this Agreement shall be finally settled by arbitration in accordance with the Commercial Arbitration Rules of The Japan Commercial Arbitration Association. The place of the arbitration shall be Tokyo, Japan. The arbitral proceedings shall be conducted in Japanese.	この契約から又はこの契約に関連して生ずることがあるすべての紛争、論争又は意見の相違は、一般社団法人日本商事仲裁協会の商事仲裁規則に従って仲裁により最終的に解決されるものとする。仲裁地は東京（日本）とする。仲裁手続は日本語によって行なう。

解説

　当事者は仲裁手続の言語（以下「手続言語」）を自由に定めることができる。例えば、「商事仲裁規則」や「インタラクティヴ仲裁規則」に基づく仲裁手続では、当事者間に、手続言語を定める合意がない場合には、仲裁廷が手続言語を決定する。仲裁廷は、手続言語の決定に当たり、仲裁合意を規定する契約書の言語、通訳及び翻訳の要否並びにその費用その他の関連する事情を考慮しなければならないとされている。一般に、国際契約書は英語で作成されていることが多く、その結果、手続言語の合意がない場合には、英語が手続言語となっている。日本企業にとって、英語で手続を実施することは負担が大きいため、日本語で仲裁手続を行ないたい場合には、予めその旨を仲裁条項に定めておく必要がある。

　仲裁条項で、たとえば「仲裁手続は英語及び日本語による。」といったように、複数の仲裁手続の言語を規定することもできる。しかし、これは実務的には問題が発生しやすく、費用や労力も大きい。というのは、上記の条項例によれば、日本語だけで書面を提出することができるのか、それとも日本語と英語の両方の言語で書面を提出しなければならないのかが定かではないからである。仮に、日本語の書面だけで、よいとされる場合であっても、仲裁廷の中に英語しか理解できない仲裁人がいる場合には、結局、英語の書面も提出せざるを得なくなる。したがって、日本語と英語のいずれの言語でも手続を行なえるようにするためには、仲裁人は両方の言語を問題なく使いこなせることを要件とするといった定めもしておくのが望ましいということになる。たとえば、次のような条項である。

The arbitral proceedings shall be conducted in Japanese or English.	仲裁手続の言語は日本語又は英語によって行なう。仲裁人は、日本語および英語で

| The Arbitrator shall be competent to conduct the arbitral proceedings in both Japanese and English. | 仲裁手続を行なえなければならない。 |

　しかし、そのような言語能力を有する適任者の絶対数は少なく、仲裁人選任作業が難航することが想定される。このように、複数の手続言語も定めるという条項は注意を要する。

（7）仲裁費用の負担を定める仲裁条項

| All disputes, controversies or differences arising out of or in connection with this Agreement shall be finally settled by arbitration in accordance with the Commercial Arbitration Rules of The Japan Commercial Arbitration Association. The place of the arbitration shall be Tokyo, Japan. The losing party shall bear the arbitrator's remuneration and expenses, the administrative fee and other reasonable expenses incurred with respect to the arbitral proceedings (hereinafter the "Arbitration Cost"). In the case where a part of claims is admitted, the Arbitration Cost shall be borne in accordance with the determination of the arbitral tribunal at its discretion. The parties shall each bear their own costs as well as counsels' and other experts' fees and expenses in the arbitral proceedings. | この契約から又はこの契約に関連して生ずることがあるすべての紛争、論争又は意見の相違は、一般社団法人日本商事仲裁協会の商事仲裁規則に従って仲裁により最終的に解決されるものとする。仲裁地は東京（日本）とする。　仲裁人報償金、仲裁人経費、管理料金、その他の仲裁手続のための合理的費用（以下「仲裁費用」）は、敗れた当事者が負担する。請求の一部のみが認められた場合における各当事者の仲裁費用の負担は、仲裁廷が、その裁量により定める。各当事者は、仲裁手続における当事者自身の費用並びに代理人その他の専門家の報酬及び経費を負担する。 |

　商事仲裁規則80条1項では、仲裁手続の費用として、①仲裁人報償金、仲裁人経費、管理料金、その他の仲裁手続のための合理的な費用のほか、②当事者が負担する代理人その他の専門家の報酬及び経費をあげており、同条2項で仲裁人が、当事者の負担割合を決定すると定めている。仲裁は当事者自治に基づく手続であるので、仲裁手続の費用負担についても当事者が定めることができる。JCAA仲裁の過去の例をみると、仲裁手続のために当事者が負担するコストの8割から9割は代理人への報酬及び経費の支払いである。なお、代理人の報酬は中小の法律事務所より大手事務所、日本の法律事務所より外国の法律事務所の方が高額であるのが通常である。

　条項例では、上記の①については、敗れた当事者が仲裁費用を負担することとし、一部の請求が認められた場合（部分的に敗れた場合）には仲裁廷が裁量で各当事者の負担を決定すると定め、②については各当事者が自分自身の費用並びに代理人その他の専門家の報酬及び費用を負担すると定めている。

(8) 多層的紛争解決条項

The parties shall attempt to negotiate in good faith for a solution to all disputes, controversies or differences arising out of or in connection with this Agreement (hereinafter referred to as "disputes").

If the disputes have not been settled by negotiation within [two] weeks from the date on which one party requests to other party for such negotiation, the parties shall attempt to settle them by mediation in accordance with the Commercial Mediation Rules of the Japan Commercial Arbitration Association (hereinafter referred to as "JCAA"). The parties shall conduct the mediation in good faith at least [one] month from the date of filing.

If the disputes have not been settled by the mediation, then they shall be finally settled by arbitration in accordance with the Commercial

当事者は、この契約から又はこの契約に関連して生ずることがあるすべての紛争、論争又は意見の相違（以下、「紛争」という）の解決のために、誠実に協議するように努めなければならない。

　一方の当事者が相手方の当事者に対し、協議の要請を行った日から［2］週間以内に、協議によって紛争が解決されなかったときは、当事者は一般社団法人日本商事仲裁協会（以下、「JCAA」という）の商事調停規則に基づく調停を試みるものとする。当事者はその申立ての日から少なくとも［1］カ月、誠実に調停を行わなければならない。

　上記の調停によって紛争が解決されなかったときは、紛争はJCAAの商事仲裁規則に従って仲裁により最終的に解決されるものとする。仲裁地は東京（日本）とする。

Arbitration Rules of the JCAA. The place of the arbitration shall be Tokyo, Japan.

解説

　仲裁費用の高額化や仲裁手続の長期化の懸念から、その解決策の1つとして、当事者に仲裁手続を開始する前に、交渉や調停によって紛争解決を試みることを義務づける手続が採用されることがある。上記の「多層的紛争解決条項」では、紛争が生じた場合には、まず初めに、当事者は誠実な「交渉」による解決を試みて、それにより解決ができなかった場合には、次に中立的な第三者を介した交渉である「調停」を利用し、それでもなお、紛争の解決に至らない場合には、最終的に、強制的な手続である「仲裁」で解決するという段階的な紛争解決手続となっている。

　多層的紛争解決手続において注意すべきことは、交渉や調停の手続が、紛争を解決したくない当事者に、遅延策として利用されないように、予め手続期間を決めておく必要がある（上記の多層的紛争解決条項において少なくとも1カ月は調停を行うことを義務付けているが、この期間を定めていない場合にはJCAAの商事調停規則には期間の定めがあり、それは当事者が別段の合意をしない限り3カ月となっている）。

　また、多層的紛争解決手続では、相手方が誠実に交渉によって解決する姿勢がある場合には効果が期待されるが、現実に紛争が発生した場合に協議や調停による解決が期待できないこともあり得るので、期間を余り長く設定していると、その期間、最終的な解決手段である仲裁を開始できないことになってしまうので、ドラフティングの際にはそのことも考慮する必要がある。

（9）交差型仲裁条項（クロス条項）

　All disputes, controversies or differences arising out of or in connection with this Agreement shall be finally settled by arbitration. If arbitral proceedings are commenced by X (foreign corporation), arbitration shall be held pursuant to the Commercial Arbitration Rules of The Japan Commercial Arbitration Association and the place of arbitration shall be Tokyo, Japan; if arbitral proceedings are commenced by Y (Japanese corporation), arbitration shall be held

　この契約から又はこの契約に関連して、当事者の間に生ずることがあるすべての紛争、論争又は意見の相違は、仲裁により最終的に解決されるものとする。X（外国法人）が仲裁手続を開始するときは、一般社団法人日本商事仲裁協会の商事仲裁規則に基づき仲裁を行い、仲裁地は東京（日本）とする。Y（日本法人）が仲裁手続を開始するときは、（仲裁機関の名称）の（仲裁規則の名称）に基づき仲裁を行い、仲裁地は（外国の都市名）とする。

　当事者の一方が上記の地のうちの一においてその仲裁機関の規則に従って仲裁手続

pursuant to (the name of rules) of (the name of arbitral institution) and the place of arbitration shall be (the name of the city in foreign country).

Once one of the parties commences arbitral proceedings in one of the above places in accordance with the rules of the respective arbitral institution, the other party shall be exclusively subject to the arbitral proceedings and shall not commence any arbitral proceedings as well as court proceedings. The time receipt of the request for arbitration by the arbitral institution determines when the arbitral proceedings are commenced.

を開始した場合には、他方の当事者はその仲裁手続に排他的に服し、他の仲裁手続も訴訟手続も開始してはならない。その仲裁機関によって仲裁申立てが受領された時をもって、仲裁手続がいつ開始したかを決定する。

解説

交差型仲裁条項は仲裁の相手方（これを通常、仲裁の被申立人という）の所在地を仲裁地として仲裁手続を行うことを定める仲裁条項である。被告地主義仲裁条項や Finger pointing clause とも呼ばれている。相手方の仲裁機関は通常、相手国の仲裁機関が規定される。この仲裁条項の場合、相手方が契約違反をした場合、相手国で仲裁を行うことになるので、相手方が契約違反をする危険性が高い場合には注意が必要である。また、理論的には、仲裁申立てを受けた当事者が、反対請求の申立てではなく、別途、相手国において仲裁を申し立てる可能性があるため、そのような事態を避けるためには、一つの仲裁手続が開始した場合には、別の仲裁手続を開始することはできない旨の定めも合わせて規定しておくことがより望ましい。

(10) 準拠法条項と仲裁条項

1. This contract shall be governed by and construed under the laws of Japan.
2. All disputes, controversies or differences arising out of or in connection with this Agreement shall be finally settled by arbitration in accordance with the Commercial

1. この契約は日本法に準拠し、解釈されるものとする。
2. この契約から又はこの契約に関連して生ずることがあるすべての紛争、論争又は意見の相違は、一般社団法人日本商事仲裁協会の商事仲裁規則に従って仲裁により最終的に解決されるものとする。仲裁地は東京（日本）とする。

Arbitration Rules of The Japan
Commercial Arbitration Association.
The place of the arbitration shall be
Tokyo, Japan.

解説

　契約の準拠法を定める条項は仲裁条項などの紛争解決条項とは別に定められることもあるが、上記のように、1項と2項として、両者をセットにして定められることもある。しかし、そもそも、この2つは異なる機能を果たすものであるので、以下のことを十分に認識しておくことが必要である。

　紛争解決条項は、紛争の発生に備えて定めるものであり、紛争が発生してはじめてその適用が問題になる。これに対して、準拠法条項は、紛争が発生するかしないかとは関係なく、契約がスムーズに履行されている間も、当事者間の権利義務及び法律関係の発生、効力、終了などを規律し続ける。

　JCAAへの相談事例として、被申立人の国での仲裁を行うことを定める「交差型仲裁条項」（上記（9））を採用するつもりであるところ、準拠法条項もこれと一体化させ、被申立人の国の法による旨を定めることにしてよいか、とのご質問を受けたことがある。仲裁条項を交差型にするのは、仲裁申立てをする際のハードルを上げ、申立てに踏み切る前の和解交渉や調停が促進されるという効果を期待することができる。

　しかし、準拠法条項をそれに合わせて交差型にしてしまうと、仲裁申立てをいずれの当事者が行うかによって、準拠法が違うということになるので、仲裁申立てがあるまでは準拠法は定まっていないことになる。そうすると、契約は果たして成立しているのか、契約不履行が発生しているのかといった問題について、仲裁申立てまでは準拠法が決まらず、したがって、一義的な答えが得られないことになり、混乱が生ずることになります。準拠法条項と仲裁条項との役割を正しく理解していれば、交差型の準拠法条項はあり得ないことである。

　なお、準拠法条項について付言すると、当事者間で合意すれば準拠法を定めることができるということは、法の適用に関する通則法7条により、特に仲裁による解決の場合には仲裁法36条により定められている。もっとも、それはあくまで契約問題についてであり、会社の代表権には会社設立準拠法が、担保物権には担保目的物の所在地法（債権を目的とする場合にはその債権の準拠法）が適用される等、契約以外の問題については問題に応じて異なる準拠法が適用されることになります。また、代理店の保護規制とか、競争法（独禁法）等の公法上の問題も、準拠法条項では如何ともし難く、複数の国の公法の適用範囲に入っていれば、複数の国の公法の適用もあり得る。

　また、契約問題に限ってみても、安易に契約相手の国の法によることに合意してしまうと、契約書のチェックの段階から紛争の場面まで全ての局面で当該国の弁護士に相談しなければならなくなり、時間とコストがかかることにも注意が必要である。

「そのまま使えるモデル英文契約書シリーズ」のご案内

書名	版型	ISBN コード	本体価格
そのまま使えるモデル英文契約書シリーズ 委託販売契約書（CD-ROM 付）	B5 版	978-4-910250-00-7	¥2,000
そのまま使えるモデル英文契約書シリーズ 委託加工契約書（CD-ROM 付）	B5 版	978-4-910250-01-4	¥2,000
そのまま使えるモデル英文契約書シリーズ 購入基本契約書（CD-ROM 付）	B5 版	978-4-910250-02-1	¥2,000
そのまま使えるモデル英文契約書シリーズ OEM（委託者側）製品製造供給契約書【輸入用】（CD-ROM 付）	B5 版	978-4-910250-03-8	¥2,000
そのまま使えるモデル英文契約書シリーズ OEM（製造者側）製品製造供給契約書【輸出用】（CD-ROM 付）	B5 版	978-4-910250-04-5	¥2,000
そのまま使えるモデル英文契約書シリーズ 総代理店契約書【輸入用】（CD-ROM 付）	B5 版	978-4-910250-05-2	¥2,000
そのまま使えるモデル英文契約書シリーズ 総代理店契約書【輸出用】（CD-ROM 付）	B5 版	978-4-910250-06-9	¥2,000
そのまま使えるモデル英文契約書シリーズ 合弁契約書（CD-ROM 付）	B5 版	978-4-910250-07-6	¥2,000
そのまま使えるモデル英文契約書シリーズ 実施許諾契約書【許諾者用】（CD-ROM 付）	B5 版	978-4-910250-08-3	¥2,000
そのまま使えるモデル英文契約書シリーズ 秘密保持契約書・共同開発契約書（CD-ROM 付）	B5 版	978-4-910250-09-0	¥2,000
そのまま使えるモデル英文契約書シリーズ 技術ライセンス契約書【中国語版付】（CD-ROM 付）	B5 版	978-4-910250-10-6	¥2,000
そのまま使えるモデル英文契約書シリーズ 販売基本契約書（CD-ROM 付）	B5 版	978-4-910250-11-3	¥2,000